AF404259

LES ARMES DES BOVRGEOIS DE PARIS QVAND ILS VONT à la garde des portes.

artiBus Prudens fecit.

Dedié à Meſſieurs le Preuoſt des marchans
& Eſcheuins de ceſte ville de Paris.

A PARIS,

Par Pierre Ménier, portier de la porte
ſainct Victor.   1616.

A MESSIEVRS LE PREVOST
DES MARCHANS ET ESCHEVINS
de ceste ville de Paris.

EN toutes choses où il s'obserue vn Ordre, la se re-
trouue quelque contentement, MESSIEVRS,
cela se peut aisement prouuer par l'œconomie de
ce grand Vniuers: non seulement es choses dont le
succez soit bon, mais aussi en celles dont il ne resulte que tout
mal. Car qui sera celuy qui n'auoue que la Guerre est la me-
re du malheur & la destruction de l'homme & de son ou-
urage? Celuy là n'auroit pas (pour experiēce) les rudes atten-
tes des Guerres ciuilles passées, dont les playes ne sont pas encor
cicatrisées. Qui osera nier aussi qu'il n'y ait quelque contentement & subiect d'admiration, en l'ordre que l'on tiēt aux
armées en assemblées de gens d'armes? Celuy là n'en auroit
iamais veu. pour exemple, ie n'ameneray point vne armée to-
taille, preste & disposée à donner vne bataille: Mais seulemēt
feray ie veoir le bon ordre militaire obserué, es compagnies des
bons Bourgeois de Paris, noble ville Metropolitaine de la Frā-
ce, miroir des autres villes, seiour agreable de nos Roys, Aca-
demies des sciences, Escolle de vertu, & maintenant Areo-
page ou place de Mars pour le grand exercice des armes qui
s'y voit iournellement. ce bel Ordre, dis-ie, m'a faict entrer
en admiration, & ceste admiration m'a faict conceuoir ce
petit discours, pour vous representer la belle gradation qu'il y
a entre ceux qui commandent (dont vous estes Messieurs les
principaux & qui tenez le tymon & gouuernail de ceste grā-
de nef Parisienne) depuis le plus grand iusques au plus petit;

A ij

Puis la richeße, beauté & bonté des armes: & le bon reigle-
ment qu'il aux exercices & conduittes iournalieres d'icelles
Compagnies. Mais a quel deßain? Ne crains-ie point que l'on
me face la responce, que fist Agesilaus à ceux qui luy deman-
doient, s'il ne luy plaisoit point d'entendre vn homme qui cõ
trefaisoit des mieux le chant du Roßignol, non, ce dit-il quel
besoin? puis que i'ay entendu le Roßignol mesme. Außi me
pourroit on dire aquel propos ie vous represente ces choses puis
que nous en sommes tous & les acteurs & les spectateurs. La
deßus ie responds que sy ceste censure rigoureuse auoit lieu,
il faudroit bannir d'entre nous les excellents Peintres: leur
disant que leurs naïues figures sont vaines, puis que nous voy
ons le naturel des choses, dont ils ne sont qu'imitateurs. Mõ
deßein est donc (Meßieurs) de faire voir a toute la France, de
quelle ardeur vous vous portez au fidelle seruice du Roy, nostre souuerain Seigneur. Quels artifices vous executez, pour
la conseruation & manutention de ceste bonne ville, les belles inuentions, dont vous proceddez a rendre la ieuneße ag-
guerie & genereuse; Et par ce moyen, rendre ces actions me-
morables à la posterité. L'on peut maintenant dire de ceste
fameuse ville de Paris, ce que l'on disoit anciennement de La
cedemone, que ses murailles estoiết les picques de leurs ieunes
gens. Et de la ville de Sparte, qu'elle se maintenoit fort bien,
a cause que les Roys y sçauoient bien commander. Ainsi Paris
est l'exemplaire & modelle des autres villes, pour son bon re
gime, & gouuernement, où l'on y voit reluire les bons Legis-
lateurs, qui sont autant de Lycurgues, regic par des hommes
sagez & experimentez, munie d'vne populace agguerrie, fidelle à Dieu, à son Roy & à sa patrie. Que reste-il donc? sinon
d'ensuiure le conseil du Roy des Tartares Scylurus, lequel par
vne subtilité monstra à quatre vingt enfans qu'il auoit, qu'il

n'y auroit que la concorde & bonne vnion d'entre eux, qui
les maintiendroit, contre tous leurs aduersaires: Et au contrai
re, qu'estans separez & disioints leurs ennemis les brisent
ayfement Ce qui leur fit veoir au doigt & à l'œil, par le faif
ceau de flesches qui leur monstra. Ainsi tant que la concorde, regnera parmy nous, nul ne pourra affronter, ny la ville,
ny les habitans d'icelle ains comme vn Nauire (bien qu'agi-
tée des tempestes & bourrasques) arriuera tousiours au haure
d'honneur & de reputation. Aussi elle porte à bon droit les
fleurs de lis & le Nauire, montrant qu'elle est regie par nos
Roys, ou que c'est le seiour d'iceux & qu'elle est le Nauire qui
porte la Thoison d'or de la France. Les Romains (subtils en
leurs inuentiõ:) auoyent vne mõnoye, où estoit peint d'vn costé
la teste de Ianus à deux faces & de l'autre costé, vne proue ou
ne poupe de Nauire, voulant signifier par cela, que les villes
sont heureuses, qui sont bien regies (ce que mõstroit Ianus) &
où il y a facilité de traficq (ce que menstroit la Nauire) Ainsi
la ville de Paris peut a bon droit porter les fleurs de lis, repre-
sentant le bon regime de nos Roys François en icelle, & la
Nauire pour representer le traffic des Marchandises & vi-
ures necessaires. Excusez donc, Messieurs, ma trop grande temerité & regardez seulement a la bonne volonté de celuy,
qui ne desire que le seruice de Dieu, du Roy, & de sa ville ca-
pitale qui est Paris & de demeurer de vos grandeurs.

Le tres-humble & tres-obeissant
seruiteur PIERRE BINARD.

A Messieurs, Roussel, l'vn des   Cappitai
nes des Bourgeois de Paris, de Mont-
Rouge son Lieutenant, & Bobline
son Porte-enseigne.

Sonnet.

Ayant l'heur & l'honneur d'estre
        soubz la puissance
De vos commandemens, ie me ran-
        ge Soldat
Dessous vostre pouuoir, regime, & estédart
Affin de tesmoigner mō humble obeissãce.
Et ce petit liuret, qui va courir la France,
Craignāt des medisans l'assaut & le hazart,
Implore vos faueurs, luy seruant de rāpart,
D'Ægide, & de Bouclier, & de seure desséce.
I'accuserois le tort de ma temerité,
Mais, i'ay veu que marchant soubs vostre
        authorité
Il euite les coups de ces langardes pointes.
Car quel meilleur abry pour ces vents o-
        rageux
Que les noms redoutez de vous, chefs cou-
        rageux,
Qui Prudence & Valeur, aux armes auez
        iointes.

        Par vostre tres-humble Soldat &
        seruiteur, P. Binard.

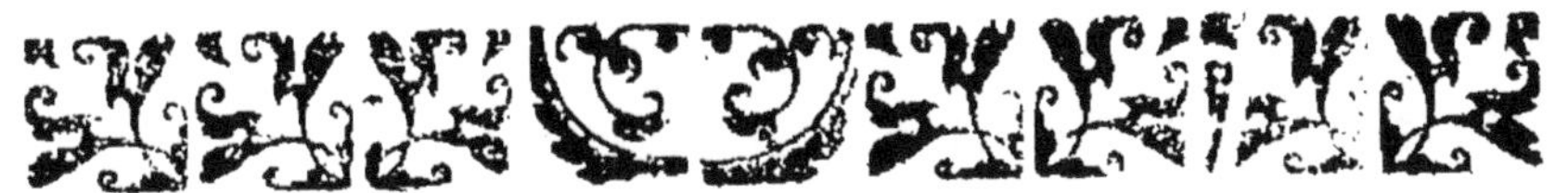

LES ARMES DES BOVR-
geois de Paris, quand ils vont
à la garde des portes.

B I E N que le temps nous cõuie,
De faire vne triste vie
Pour les bruits que nous oyõs,
pour les maux que nous voyõs
Et que Bellonne ou la Guerre
Boulleuerse tout par terre,
Et que contre toute loy
Le subiect faict guerre au Roy,
Que les campagnes de France
Sont en extresme souffrance,
Pour les insolents soldats
qui courent de toutes parts.
Ne viuans que de pillages
qu'ils font aux pauures villages
Et les Villes & Citez,
Comblees d'aduersitez
Ont leurs Cytadins en armes
qui de frayeurs & allarmes
Se resueillent en sursaut,
Graignant vn siege, vn assaut,

Vne traiftreffe entreprife
Vne efcallade ou furprife,
Vne famine ou cherté,
Qu'il n'eft point de liberté
De plaifir ny d'affeurance
En quelque lieu de la France
Soit aux villes ou aux champs,
Tant les hommes font mefchans.

   Et tout pour l'humeur fantafque,
De ceux qui deffoubs le mafque
Du bien & public repos,
Nous vont rongeant iufqu'aux os,
Penfant baftir leur fortune
Du desbris de la commune.

   Mais bien que tant de malheurs,
Soyent caufes de nos douleurs
Si eft ce pourtant fi eft ce,
Qu'il ne faut que la trifteffe,
D'vn gliffant & petit pas
Nous meine iufqu'au trefpas,
,, L'homme qui toufiours fe fafche
,, Sans fe donner du relafche
,, N'ayant fes efprits contans
,, Ne peut pas viure long temps.
   Il faut pluftoft qu'vn courage
Paroiffe en noftre vifage
Efperant tous qu'au retour

Du Roy Lovys de sa cour,
Et de l Infante d'Espagne
Sa chere espouse & compagne,
Nous verrons comme ie croy
Chacun fleschir soubz le Roy
Et ceste mutine armée,
Deuenir tonte en fumée:
Affin que tous desormais
Nous viuions en bonne paix.

  Car le Roy, Soleil de France,
Peut de sa grande puissance
Dissiper par ses regards
Les brouillards de ces hagards.

  Mais tout beau, ma chere Muse,
Ie voy bien que tu t'abuse,
Et pensant suiure vn subiect,
Tu t'arreste à autre obiect.

  Rentre donc dans la carriere,
De ta voulonté premiere,
Qui est de nous faire veoir
Qu'vn mal-heur n'ait le pouuoir
De nous donner fascherie
Tout le temps de nostre vie,
Sans qu â son tour le bon-heur
Donne ioye à nostre cœur.

  Ie blasme fort Heraclite,
Ie blasme encor Democrite

Dont l'vn pleure tant qu'il vit,
Et l'autre sans cesse rit,
Monstrant tous deux en leur vie
Leur differente folie.

   Or de ces deux il nous faut,
Considerer le deffaut,
Affin qu'entre ces limittes
Où deux points si opposites,
Nous trouuions en verité,
L'Alme mediocrité,
Qui donne à toute occurence
Vne iuste temperance:
Et veut que dans certain temps
Nous soyons ioyeux contans,
Et qu'en d'autre la liesse
Face place à la tristesse.

   Or le subiect que i'ay pris
De traicter dans mes escrits,
Bien que de la guerre il sonne
Ne fera pleurer personne.

   Ains d'vn discours serieux,
Rendra l'esprit curieux
Du Lecteur plein d'allegresse
Voyant les armes, l'addresse,
Le bon ordre, & les habits,
Des Citadins de Paris,
Lors qu'vn tambour les appelle

Pour marcher en sentinelle,
Craignant qu'ils ne soyent soubmis
Au ioug de leurs ennemis.
   O vous deitez celestes!
Descendez tant que vous estes,
Quittez le trosne sacré,
Laissez le nectar succré,
Abandonnez vos delices,
Post posez vos sacrifices,
Et descendez icy bas,
Pour veoir les guerriers esbats,
De la ieunesse ciuille,
De la plus fameuse ville
Qui soit dans vostre vniuers,
Fendez le Ciel & les aers,
Les vents & les grosses nuës,
Et les Atomes menuës.
   Ainsi que fistes iadis,
Descendant de Paradis
Sur l'Olympienne crouppe
Pour voir la Troyenne trouppe,
S'esbattant aux ieux de Mars
Ainsi que font nos soldats
   Approchez disert Mercure
Pour prendre le soin & cure
De ce Martial discours,
Affin que prenant son cours

B ii

Ce liuret dedans la France
Il soit doüé d'elegance,
Ayant de vous ce bon-heur,
De pouuoir chanter l'honneur
De nos vaillans CAPITAINES.
Et par sentences hautaines,
Faire veoir l'esflection,
Des gens de perfection,
Craignant Dieu, de bonne race
Pour regir la populace.
  Gens que l'on a reconnus
S'estre tousiours maintenus
En la sincere croyance:
Et vrays enfans de la France
Tenir (constant) leur serment
Sans vaciller nullement,
Sans rien penser, dire ou faire,
Pour le bien de l'aduersaire,
Sans son courage fleschir,
Sans coniuer ny gauchir:
Ains d'vne ame genereuse
Du point d'honneur desireuse,
Ne vont espargnant leur sang,
Affin d'estre mis au rang
De ceux qui grauent leur gloire,
Dans le temple de memoire.
  Ainsi quand l'on a faict chois

Par pluralité de voix
Chacun en ſa conſcience
D'vn qui a l'experience
Suffiſante à gouuerner:
Lors on luy vient à donner
Vn quartier pour ſon domaine
Dont il eſt faict CAPITAINE.

Et puis ſolemnellement,
On faict faire le ſerment
Requis en affaire telle
D'eſtre à touſiurs tres-fidelle,
Par inuiolable foy,
A DIEV premier, puis au Roy,
Et aux magiſtrats de ville.

Ainſi par ordre ciuille
Il commence à commander,
Sur ſes gens, ſaus gourmander:
Affin que l'on le reuere
Comme chef & comme pere.

Car ce n'eſt aſſez d'auoir
Deſſus autruy du pouuoir,
Mais il faut que la prudence,
Tienne le frein & cadence
Pour tantoſt eſtre en courroux,
Et vne autre fois plus doux,
Comme l'affaire eſt vrgente
Du ſubiect qui ſe preſente

„ Le cruel se faict hair,
„ Et le doux des-obeir,
Si bien qu'il faut qu'il se tienne
En temperence moyenne.
   Plus, ie diray de rechef,
Qu'il faut trouuer en ce Chef
Sinon beaucoup de science
Au moins de l'experience,
Pour bien regir ses soldats,
Affin que dans les hazards
Il ne face apprentissage
Où (comme vn Berger mal sage
Et peu cault) mette à tous coups
Sa trouppe à la gueulle aux loups.
   Pour estre donc en estime,
Il luy faut cœur magnanime,
Plein de generosité,
L'Esprit de viuacité,
Dans son ame le courage.
Et qu'on voye son visage,
Respectueux comme vn Mars :
Affin que par ses regards,
Il rende nostre ame atteinte
Ores d'Amour or' de crainte,
Au parler la grauité,
Aux mains la dexterité,
Bref que du corps tout le reste

Ainsi que l'esprit soit leste.
   Or telles conditions
Et belles perfections,
Marques dignes & certaines,
Sont en tous nos CAPITAINES,
Chacun estant curieux
De paroistre à qui mieux mieux.
   Ainsi chacun chef commande
A sa soubs commise bande,
Eslisant vn LIEVTENANT
Vaillant, discret, aduenant,
Qui a la mesme puissance
Que le Chef en son absence:
C'est son conseil, son confort,
Son appuy & son support,
A luy tousiours se conseille,
Et souuent preste l'oreille
A ses Martiaux deuis
A ses propos & aduis:
Il n'entreprend nulle chose
Que tost il ne luy propose
Sa fin & intention
Et par qu'elle inuention
Il veut finir & parfaire
Vne telle & telle affaire.
   Puis sachant bien qu'vn trouppeau
N'est distinct que du drappeau,

Il choisist vn PORTE-ENSEIGNE
Homme dont nul ne se plaigne
Pour l'improbité de mœurs
Pour ses fascheuses humeurs:
Ains discret vaillant & sage,
Le prent d'assez grand corsage
Courageux adroict constant,
Pour aller mieux resistant
A quelque course ennemie,
Aymant mieux perdre la vie
Qu'on luy vint a reprocher,
Qu'il s'est laissé arracher,
(Luy viuant) de sa main forte,
La Banderolle qu'il porte.

Ainsi ces hommes adroits,
Sont CAPITAINES tous trois,
Et sont eux trois qui commandent,
Veillent, conduisent, deffendent
Le trouppeau à eux commis.

Et d'vn bon accord vnis,
Marchent chacun en leur ordre,
Pour esuitter tout desordre,
Sçauent bien leur rang tenir
Pour la paix entretenir,
Sçauent donner la seance,
L'honneur & la preferance,
A celuy qu'elle appartient,

Le Chef

Le Chef le premier rang tient,
C'il qui a la lieutenance,
A la seconde seance,
Le rang troisiesme est admis,
Au Chef a qui l'on a mis,
L'enseigne en sa sauue garde,
Au milieu du corps de garde,
Pour son vray lieu. Car iaçoit,
Qu'vn chacun des trois reçoit,
Pour sa dignité certaine,
Ce beau nom de CAPITAINE,
Si est-ce qu'vn est premier,
L'autre second, puis dernier,
Sans qu'on y admette ou vse,
De la desordre confuse,
Tenant chacun comme il faut,
Qui bas, qui milieu, qui haut,
Nous faisant voir la pratique,
D'vn Triumuirat antique.

Or donc d'vn accord tous trois
(Comme estans chefs des Bourgeois)
Ils font le choix & l'eslitte,
De quelques gens de merite,
Pour en faire des SERGENS,
Hommes prompts & diligens,
Fondant sur leur diligence,
Bonne part de leur regence.

Comme pour les soulager,
Sçauoir les soldats ranger,
Par preceptes militaires,
Choisissant les MOVSQVETAIRES,
Plus agguerris, mieux armez,
Et plus hardis estimez,
Pour mettre au front de la bande,
Soit elle petite ou grande,
Sçauoir eslire ou choisir,
Et les ranger a plaisir,
Aux deux costez (dits les aelles)
Ceux qui d'armeures plus belles,
sont fournis. Car le troupeau,
En paroist tousiours plus beau,
Et prudemment faire ioindre.
Au milieu des rangs le moindre:
  sçauoir si bien disposer,
ses gens affin de poser,
Pres de l'Enseigne dressée,
Vne trouppe herissée,
D'hallebardes & d'Espieux
(Armes propres pour les vieux)
Puis de picques de Biscaye,
Vne trouppe allaigre & gaye,
De ceux qui ont plus grand corps,
Plus hardis adroits & forts,
En fin sçauoir prendre garde,

De fournir l'arriere garde,
D'hommes que (bien que derniere)
Soyent semblables aux premiere,
En force, en habits, en gestes,
Et en leurs armeures lestes,
Tenir les fils & rangs droits,
Et marchant faire long bois.
  Ces SERGENS ont donc l'office,
(Bien instruits en la milice)
De mettre vn ordre par tout,
De l'vn iusqu'a l'autre bout.
  Puis pour donner allegeance,
Aux SERGENS pour leur regeance,
Sont esleus des CORPORAVX,
Hommes ronds francs liberaux,
De bonne mœurs, bonne vie,
Affin que le Chef s'y fie,
Desireux de faire veoir,
Qu'ils font toufiours leur deuoir,
N'ayant point l'oreille sourde,
Ny mesme la iambe gourde,
Ains gaillards, legers, dispos,
Ne font iamais en repos,
Pour poser les sentinelles,
Aux places & aux venelles,
Sçauoir qui entre & qui sort,
Si l'on a son passe-port,
C ii

si quelque armeure se glisse,
Par la fraude & la malice,
De quelques faux habitans,
(ô mal commun de ce temps)
En fin prendre bien pres garde,
Que l'on face bonne garde.
　　Apres dessoubs eux sont mis,
Des hommes comme Commis,
Que l'on nomme HANSPESADES,
Non point des hommes mausades
Negligents ny paresseux,
Mais parfaicts semblable a ceux,
Desquels ils tiennent l'office,
Exerçant mesme police,
Mesme charge & function,
Mettre vn homme en faction,
Oster l'autre qui s'ennuye,
D'estre au vent & a la pluye.
　　Aprez sont les Appointez,
soldats vn peu respectez,
Et releuez du vulgaire,
Ceux a qui l'on a veu faire,
quelques traicts d'agilité,
Ou bien pour leur qualité,
Ou pour l'aage ou apparence,
Qui merite preferance,
Pour distinguer comme il faut,
Qui bas, qui milieu, qui haut,

,, Rien n'est d'auoir bonne mine
,, sy par ordre on ne chemine.
Bref voylà du regiment,
Ceux qui ont commandement,
Et ont pouuoir sur le reste,
D'vne compagnie leste.

    Puis ces Chefs sachant tres-bien,
Que pour enhardir n'est rien,
Meilleur, & qui cœur nous donne,
Que lors qu'vn tambour bourdonne,
Ils sont pourueus de Tambours,
qui sachent bien tous les tours,
Et tous les tons de la guerre,
Contre-faire le tonnerre,
sonner l'allarme, l'assaut,
Là Diane quand il faut,
Esueiller, mener, conduire,
seiourner & raconduire.

    Il faut qu'vn Tabourineux,
soit diligent matineux,
Gaillard, discret & brauache,
Et n'est pas assez qu'il sache,
sonner pa, ta, pa, ta, pan,
Car s'il conuient faire vn ban,
De la part du CAPITAINE,
Faut que sa voix soit hautaine,
Large gosier estendu,

Affin qu'il soit entendu,
En fin que propre il se tienne,
Ainsi que faict Maistre Estienne.
    Puis pour les accompagner,
La coustume est leur donner,
Quelque bon ioueur de fiffre,
Ny vn poussif, ny vn pistre,
Ny gasté dans le poulmon,
Comme feu Maistre Simon,
Ains qu'il soit de libre haleine,
Et soufflant a bouche pleine,
Touchant des doigts son flageol,
Face mieux le Rossignol,
Et que sa voix delicatte,
Le son du tambour rabatte.
    Or voylà pour dire en bref,
Comme vn CAPITAINE ou Chef,
Donne ordre a sa compagnie,
Que de tout soit bien garnie.
    Mais entre vous Deitez,
Qui ces bas lieux visitez,
Pour veoir l'addresse des hommes,
De la Cité où nous sommes.
    Ie vous appelle (ô forgeur)
Grand Vulcan plein de rougeur,
quittez l'Isle de Lipare,
Lieu où vostre main prepare,

Les armeures des hauts Dieux,
Les vrays Cytadins des Cieux,
Laiſſez d'Ætna la fournaiſe,
Le Mont Gibel, & ſa braiſe,
Iettez enclumes, marteaux,
Pinces, tenailles, cizeaux,
Dont vont battant tant de lames,
Vos Cyclopes Monophthalmes,
quittez le fer & l'acier,
Et ce penible meſtier,
Et d'vne œillade ſubtille,
Contemplez dans ceſte ville,
Du vaſte & noble Paris,
Les Citoyens agguerris,
Conferez ſi leurs armeures,
Trempees graueures doreures,
Sont point de voſtre façon,
Oſtez nous en de ſoupçon,
Car d'eſtre ainſi ſi parfaictes,
Il faut qu'vn Dieu les ait faictes.
    Premierement admirons,
Ces Mouſquets pollis & ronds,
qui font plus de bruit ſur terre,
qu'en l'air ne faict le tonnerre,
Conſiderons tous leurs corps,
Nets & pollis par dehors,
Dont la baſſe groſſe & large,

Les rend de pezante charge,
Puis les longs par pans vnis,
Limez,adoucis,brunis,
Nous vont monstrant la science,
Coniointe a la patience,
Les bouts mignonnement faicts,
Enfin les rendent parfaicts.
　　Puis le trou qui sert de centre
De bouche,de col,de ventre,
A ce corps,est si profond,
Si droict,si vny,si rond,
Qu'vne balle à ce qualibre,
Ny trop contrainte ny libre,
Poussée d'vn feu souffreux,
Sort tout d'vn coup si affreux,
Si droit qu'elle ne forligne,
De l'espesseur d'vne ligne,
Du lieu que l'on pretendroit,
Et que tirer on voudroit,
Tant,ce canon sans macule,
Est net sans paille & cellule.
　　Mais pour perfectionner,
Et de la grace donner,
A ceste œuure Martialle,
Il faut la monture esgalle,
Ainsi qu'on la voit a tous,
D'vn beau bois dur poly doux
Qui maintenant

Qui maintenant se façonne,
D'vne crosse à la Walonne,
On y voit de tous coftez,
Milles endroits marquetez,
De Belle Nacre de perles,
En oiseaux, pyuers, cocqs, merles
Cheuaux, chiens, loups, leopars,
Animaux propres de Mars,
Et puis de lignes dorées,
Sont encore decorées,
Ces magnifiques façons,
En rinceaux & limacons,
Las-d'amour. cadeaux, morefques,
Et crotefques arabefques
Le tout faict fi delicat,
Qu'il faudroit vn Aduocat,
Bien difert pour vous le dire,
Pour tels qu'on les voit l'efcrire,
Bref pour le dire en effect,
Il n'y a rien d'imparfaict.

  Les Harquebufes de mefme,
Sont d'vne beauté extrefme.

  Puis pour fupporter ces corps,
Qui font fi pezants & forts,
Sont les Fourchettes iolies,
Bien limées & polies,
De fer, ou fonte & encor,

D

La plufpart couuertes d'or,
Qui grauées, qui taillées,
Et les autres efmaillées,
Puis chacun bois eft couuert,
L'vn gay d vn beau veloux vert,
qui bleu, qui couleur d'oliue,
qui rouge à la couleur viue,
qui blanc, qui iaune, qui gris,
qui d efcarlatte de prix,
Bref chacun de chafque forte,
Ses liurees ainfi porte.
    Et puis pour faire en effect,
que le tout foit bien parfaict,
Et que braues on les voye,
Sont houppes franges de foye,
Puis du paffement meflé,
De foye auec l'or filé,
Des cordons ou de la gance,
Ainfi que chacun s'ageance,
Et des clous dorez deffus,
Dont font clouez ces tiffus,
Ainfi pour fin ces Fourchettes,
Sont belles riches bien faictes,
Tout y brille & y reluit.
    Puis comme tout s'entrefuit,
On y voit les Bandoüilleres,
Tout de femblables manieres,

De mesme estoffes couleurs!
Et de pareilles valeurs,
Se voyant toutes fournies,
De huict charges bien garnies,
Sans conter le Pouluerain,
Faicts de fer blanc ou d'æirin
Couuertes comme le reste,
Affin que le tout soit leste.

Et ces petits tuyaux creux,
Sont pleins d'vn mixte souffreux,
D'vne fine & bonne poudre,
Qui sert aux humains de foudre,
Sy tost qu'vn seul brin de feu,
S'en approche tant soit peu.

Apres est la Gibbeciere,
Au bas de la Bandoüillere,
Où des poids de plomb sont mis,
Pour tuer les ennemis,
Et par derriere on y fourre,
Ou le papier, ou la bourre,
Affin de ne rien manquer,
Pour deffendre ou attaquer,
Chaque chose ayant sa grade,
Puis la Meche de parade,
Liée d'vn cordon blanc,
Y retient aussi son rang,
C'est donc la du Mousquetaire,

Tout l'attirail militaire.
  Confiderons cefte fois,
De nos Picquiers les longs bois,
Leurs belles picques branflantes,
Comme elles font excellantes,
Confiderons leur grandeur,
Leur droict fil & leur rondeur,
Et leurs foupplefles iolies,
Comment elles font polies,
Claires & nettes par tout.
  Aduifons le fer du bout,
Si c'eft d'acier fin d'eftime,
Voyons de pres fi la lime,
Le burin, le bruniffoir,
Ont faict chacun leur deuoir,
Si la graueure eft bien faicte,
Si la doreure eft parfaicte,
si le bifeau eft bien droict,
si le bout eft trop eftroit,
s'il eft trop court & trop mouffe,
si alors qu'vne fecouffe,
On luy donne pour toucher,
Il ne vient a reboucher,
quand rudement on le flanque,
Ou fi quelque chofe y manque,
Non, non (dis-ie) il ne faut pas,
Le reuoir ny haut ny bas,

Ains tenir pour chose vraye,
quand le fust est de Biscaye,
Et que le fer en est pris,
Et fabriqué dans Paris.
Croyez qu'vne telle Picque
A toute autre faict la nicque,
Comme l'on voit ceste fois,
Celles de nos bons Bourgeois,
Qui amateurs des armeures,
Les ornent de cent pareures.
   Comme ils parent le milieu,
D'vn fourreau, blanc, rouge ou bleu,
Frangez tout d'or & de soye,
Et puis pres du fer endoye,
Du taffetas a plaisir,
quand il faict vn doux zephir,
Le bout d'embas qui à peine,
Est faict d'yuoire ou d'ebeine
Ainsi ces bastons sont faicts,
Beaux bons propres & parfaicts
Car ces Belliqueux gens-d'armes
N'ont point que de belles armes.
   Les Mi-piques, Iauelots,
Meritent semblables los.
   Voyons, les armeures blanches
qui sont pour couurir les hanches,
Ventre, dos, bras, teste, col,

Si le fer n'est point trop mol,
Ne pouuant (tant sont recuittes)
Resister aux pommes cuittes.
  Voyons y le corselet,
Le Brassart, le Gantelet,
La Bourguignotte, les cuisses,
Armes que portent les Suisses:
Voyons s y les armeuriers
Seront dit tres-bons ouuriers,
Si l'estoffe est point trop aigre,
Et si pour la rendre alaigre
Ils ont le fer estendu,
Et de coups mince rendu,
Qui puisse apporter dommage.
Non, non, quittons ce langage,
Ains confessons que iamais
A Stabourg, Sedan & Mets,
On n'a veu si belles armes,
Que celles qu'ont nos gens d'armes:
Comme faictes dans Paris,
sont d'inestimable prix,
(L'on tient aussi qu'à Limoges
sont deux bons maistres de forges,
Deux freres, dits Mabarreaux
qui font miracles nouueaux.)
  Laissons eecy en arriere,
Car nostre trouppe guerriere,

Voyant n'auoir grand besoin
De cecy, ne prend pas soin
De ces armeures pezantes,
Ains les laissent reposantes
Nettement dans leur maison,
Pour s'en seruir en saison.

Car desirant d'estre à l'aise,
Ils portent vn hausse fraise,
Hausse-col dit autrement,
Pour les orner seulement,
Et pour seruir de parade
A chacun selon sa grade.

Les CAPITAINES en ont
De dorez, d'autres qui sont
D'argent pur, où sont assises
Des pourtraictures exquises,
Qui nous vont representans
Les affaires de ce temps.

Comme faire voir la Guerre
Des Tytans, fils de la Terre,
Qui portoient mont dessus mont
A la sueur de leur front :
Desirant, par leur audace,
Ietter Iupin de sa place.
Lors Iupiter en courroux
Eslança son foudre roux
Ses esclairs, & ses tempestes,

sur ces Gygantines teftes.
Pour monftrer qu'il ne faut pas
que les mortels d'icy bas,
soyent fi ozes, temeraires,
Que d'eftre au grand Dieu contraire
Croyant que la Deité,
Et d'vn Roy la maiefté,
Prennent, quand leur plaift, vengeance,
D'vne fi peruerfe engeance.
    Ainfi plufieurs beaux pourtraicts
De l'Antiquité extraicts,
sont veuë, & puis des trophees
En ces figures boffees.
    D'autres hauffe-cols d'orez
sont fi bien elaborez,
Que n'ayant rien à redire
Tout le monde les admire.
Mettant peine d'en auoir
Chacun felon fon pouuoir.
    Apres, pour les autres hardes
Comme Efpieux & Hallebardes,
Pertuifannes & baftons
Deffenfifs, que nous portons,
En nos gardes couftumieres,
sont de fi riches manieres:
Que l'on ne peut dire mieux.
    Car ces gros larges Efpieux,

Ont les

Ont les lames bien dorées,
Puis de franges colorées,
Meſlez de ſoye & d'or fin,
ſemblent d'vn Tyrſe diuin.

Les Pertuiſannes ſemblables
ſont auſſi ſi admirables
Et d'vn ſi beau parement,
Qu'elles ſont tant ſeulement
Par les CAPITAINES priſes:
Tant ſont riches & exquiſes.

Les Hallebardes auſſi,
Ont le fer ſi eſclarcy
Par le racloir, ou rugine,
Et poly par la Sanguine,
Que le Soleil radieux,
Iettant ſon bel œil des Cieux,
A trauers de l'air humide,
Sur ceſt inſtrument lucide,
Sa lumiere va d'ardant
Dans les yeux du regardant,
Et rend la veuë esblouyé.

qui, d'ailleurs, eſt reſiouye
De voir vn plaiſant vert gay,
Meſlé comme vn papegay,
Des ſoyes dont ſont frangees:
Puis l'on voit pluſieurs rangees.
De clous d'or, ſemez par tout

De la hante iufqu'au bout;
Ainfi chacun s'accommode
Selon fon aage, fa mode,
Sa diligence ou pouuoir,
Et de ce qu'il peut auoir.
    Voyons ores les Efpées,
Si elles font bien trempées,
Et faictes d'vn fin acier,
Reconnoiffons au plier
si elles font trop caffantes
Ou bien trop obeiffantes,
Car ce font là deux exces
De tres-dangereux acces.
,, L'Efpée aigre à vn gendarme
,, Rend fa main fouuent fans arme,
,, Et la molle, au coup d'eftoc,
,, Deuient bien fouuent en croc
,, A la moindre refiftance,
,, Ce qui eft fort d'importance.
Car l'ennemy vient à voir
Que l'eftoc n'a plus pouuoir
Deffus luy, Et qu'il bataille,
Contre vn qui n'a que la taille,
Il deuient plus courageux,
Eftant plus aduantageux,
Qu'à fon efpée il voit iointe,
La taille, auecque la pointe,

Et la pouſſant dans le flanc,
Luy faict ſortir vie & ſang:
Ainſi l'vn a la victoire,
Qui enuoye l'autre boire
Dans le bouillant Phlegethon,
Au Royaume de Pluton:
Faute (au mort) que ſon eſpée
N'eſtoit pas aſſez trempée.

　Or le moindre de ces maux,
C'eſt quand elle vient en faux,
Car combien qu'elle n'offence,
Elle eſt touſiours de deffence
Pour au beſoin s'en paſſer:
L'autre qui vient à caſſer
Si ſoudain, rend deſgarnie
La main qui s'en eſt fournie.
Qui, priuée de pouuoir,
Met ſon homme au deſeſpoir,
Dont l'autre engendre vne audace,
Et le renuerſe en la place.

　Il faut donc, prendre plaiſir
De les eſlire & choiſir,
De bonne eſtoffe acerée,
Et de trempe temperée:
Si bien qu'en les eſſayant,
Et en croiſſant les ployant,
Ces bonnes lames eſtroictes

Sans casser, reuiennent droictes:
Il faut donc les esprouuer
Pour ne point mal s'en trouuer.

  Et bien que le monde tienne
Que celles là de Vienne
Sont bonnes, où est escrit
In Vienna me fecit:
Mesmes, que les Espagnolles
N'estant trop aigre, ny molles
(Où est pourtraict vn vieux Loup)
Les surpassent de beaucoup:
Si est-ce que c'est folie
A celuy là qui s'y fie,
s'il ne vient auparauant
Meurement les esprouuant.

  Or nos Guerriers, fins & sages
sont faicts à tous ces vsages,
La plus part faisant amas
De coutelas de Damas,
Ou de lames à l'espreuue,
Comme à Paris on les treuue.

  Puis (comme en tout) la beauté
Ils ioignent à la bonté,
Ils parent ces allumelies,
De gardes, riches & belles,
Ainsi que l'on en voit fort,
D'or & d'argent de raport,

superbement façonnées:
D'autres sont damasquinees,
Qu'on ne peut rien voir plus beau,
D'autres sont en couleur d'eau.
  L'vn tiendra pour estimée
Vne artistement limée,
L'autre aura l'esprit fiché
sur vne d'argent haché,
D'autres trouuent plus iolies,
Les dorees & polies,
D'autres seulement le noir:
Chacun selon son vouloir
Ou humeurs, libres, ou chiches:
Mais en fin sont toutes riches.
Chacune ayant son fourreau,
Où le poinçon, & cousteau
sont mis pour faire seruice:
Où se voit mesme artifice,
Car gardes, cousteaux, poinçons,
sont de pareilles façons,
Pour ne voir rien dissemblable,
Ains que tout soit admirable.
  Aucuns de nos gens mignards
Portent aussi des poignards
qui vont posant sur leur fesse
Pour mieux sentir leur noblesse.
  Ils ont aussi les pendans

E iii

En tous points correspondans,
Car l'or & l'argent ondoye
sur les estoffes de soye,
soit de larges passemens,
Ou de plus beaux ornemens,
Comme sont les broderies
D'or, d'argent, de pierreries,
D'inestimable valeur,
Et les soyes de couleur
sont par la main & l'aiguille,
D'vn maistre Brodeur habille
si bien posez à loisir,
Que c'est vn tres-grand plaisir,
De voir ces couleurs naiües,
Representer des fleurs viues,
Dont Flore embellist son sein,
Au Printemps gay & serain.
    D'autres braues porte-espees,
sont d'estoffes decouppées,
D'autres sont de cuirs musquez,
Sur lesquels sont appliquez
Des cloux façonnez en roze,
Selon qu'vn chacun dispose:
Ceux là de moindre ornement,
Ont pourtant du passement
D'or, d'argent, ou de sayette,
Ou bien piquez en chesnette.

Apres nous remarquerons,
que les petits ceinturons
Sont de semblables pareures,
Où ne manque la ferrure
Bien faicte, & limée encor
Couuerte d'argent, ou d'or,
Bref tout y est tres - sortable,
Et d'vn aspect delectable,
Rendant nos soldats aymez,
Et sur tous autres estimez.

Ainsi, armez de la sorte
Le iour qu'ils vont à la porte,
Tant les ieunes que les vieux
S'accoustrent à qui mieux mieux,
Soit d'habits & d'esquipage,
Mais chacun selon son aage,
Son office ou qualité
D'ou vient l'inegalité.

Les vns pour estre brauaches,
se couurent de grands Pennaches,
Ou d'aygrette, aux chapeaux gris
Et des enseignes de pris.

D'autres des escharpes blanches
Qui leur vont dessoubs les hanches,
Bref c'est à qui mieux fera,
Et qui plus braue sera.

C'est icy, trouppe immortelle

Où d'ardeur ie vous appelle,
Pour redoubler vos soulas,
Mais entre tous (ô Pallas!)
Tritonnienne, Minerue,
Cest endroit ie vous reserue:
Ie vous le faicts conuenir
A vous, que l'on dit venir
Toute grande & toute armée,
De la ceruelle estimée,
De ce puissant Iupiter:
Venez icy assister,
Car sur les Armes, les villes,
Et les ouurages d'aiguilles,
Vous auez gouuernement,
Contemplez donc l'ornement
Tant des armes, qu'autres hardes,
De nos Phalanges bragardes.

   Aduancez vous, ô Dieu Mars,
Protecteur de nos soudars,
Laissez vn peu ceux de Thrace,
Gens sortis de vostre race:
Et venez voir nos François
Issus de ces vieux Gaulois.

   Dont vous estant en colere
Contre Gallus, leur grand pere,
Pour deceller vos secrets
Au grand Phœbus porte-raiz,

En vn

En vn cocq le trans-formastes,
Et telle voix luy donnastes.

Oubliez donc ce peché,
Dont cest Ayeul fut taché,
Et laissez vos deux compaignes
(Colere & crainte)aux campagnes,
Monts,dezerts,& autres lieux:
Montrez vous là furieux,
Et non,en nos assemblées
Ne les rendant point troublées.

Venez donc d'vn œil serein,
Considerer tout le trein
De nos Guerrieres Cohortes,
Quand ils vont garder les portes
Du noble & fameux Paris.

Voyez nos Chefs agguerris,
Qui bien armez,du tout braues
Vont à pas dispos & graues,
Et d'vn maintien gracieux,
Tant du corps comme des yeux:
Font assembler la liesse,
Auecques la hardiesse.

Ainsi ces Chefs estimez,
De courages bien armez
Font de leurs trouppes guerrieres,
Les deux personnes premieres.

S'ils sont debilles & vieux

F

quelqu'vn porte leurs efpieux,
Et eux de peur d'auoir peine
Portent vn bafton d'ebeine
Au pommeau d'yuoire blanc,
Et ainfi tiennent leur rang:
D'autres ont la Iaueline,
Dont la pointe eft argentine,
Les Pertuifannes encor
Dont tout ne paroift rien qu'or.
Les autres plus magnifiques,
Portent au poignet leurs Picques,
D'vn port fi maieftueux
que l'on ne peut dire mieux.
Ainfi donc ces CAPITAINES
Ont leurs Armes incertaines.
  Apres, quatre CAPORAVX
Hommes à peu pres efgaux,
Soit de corps, d'habits, de geftes,
Et de MOVSQVETS beaux & leftes:
Car les qualitez qu'ils ont
Veulent qu'ils marchent au front.
  Puis apres ces quatre viennent
Les HANSPESADES, qui tiennent
Leur rang & leur grauité,
Comme veut leur qualité.
Puis deux rangs de Moufquetaires,
Hommes experts aux affaires:

Puis l'on faict vn rang de deux
Du Fiffre & Tabourineux.
Et là le fiffre fredonne,
Et là le Tambour bourdonne,
La le flageol esclattant
Passe le tambour battant:
L'vn faisant son tintamarre
Dessus l'autre qui chamarre.
    Puis les Soldats vont apres,
Esleuz & choisis expres
Pour orner des mieux la bande
Par celuy qui leur commande:
Qui quatre à quatre assortis,
Et d'armeures bien partis,
Ont vne si bonne grace,
Chacun en son lieu & place,
Son rang, son fil, son niueau,
qu'on ne peut rien voir plus beau.
    Et puis, pour le corps de garde
Suit vne trouppe bragarde,
De bons Bourgeois respectez,
que l'on surnomme Appointez,
Qui d'habits & belles Picques,
Sont ioliment magnifiques
De quatre à quatre arrangez.
    Et apres eux, sont rangez
Le Tambour & Fiffre encore,

Dont cest endroit se decore:
Là leurs sons ont la vigueur,
De mettre aux soldats le cœur.
    Apres est le PORTE-ENSEIGNE,
Qui se plaist & qui se baigne
De porter haut sur son bras,
L'Enseigne de taffetas:
Qui bouffe, s'enfle & secouë,
Quand le doux zephir s'y iouë.
    Ce Chef, ayant le cœur haut
Pour paroistre comme il faut
A des habits de parade,
Ainsi que le veut sa grade,
Son office, & qualité,
Marche auecques grauité,
Bien adroit, de grand corsage,
Et le cœur plein de courage:
N'a le corps tant seulement
Armé que pour l'ornement.
    Puis suit deux ou trois rangees
D'hallebardes bien frangées ,
    Puis d'autres Picquiers iolis
Armez de bastons polis
(Ie dis) Picques de Biscaye,
pour (au besoin) faire haye,
    Pour l'arriere garde aussi
(Apres ces Picquiers icy)

Suiuent de bons Mousquetaires,
qui duits aux arts militaires
Sçauent bien leur rang tenir,
Et bon ordre entretenir.
  Les Sergeants qui ont l'office
De mettre par tout police,
N'ont point de rang, car ils vont
Or à la queuë, ore au front,
Au milieu, ou autre place,
Voir si quelqu'vn se desplace,
Si les rangs sont bien fournis,
En niueau, ou fil vnis.
  Voylà donc l'ordre admirable
D'vne trouppe martialle,
qui pour tesmoigner sa foy
Faict ainsi seruice au Roy,
Conseruant la Ville aymée
De P A R I s tant renommée.
  Venez donc, ô Deitez,
Approchez vos Maiestez,
Pour voir nos belles Cohortes
quand ils vont garder les portes:
  Venez-y, grand Iupiter,
Non pas pour vous irriter,
Mais d'vne douce influençe
Montrez nous voftre clemence,
Afin d'estre resiouis,

Au regne du Roy Lovys.
    Venez y, vieillard Saturne,
Sage, plombé, taciturne,
Pour rendre icy nos Soldats
Non esuentez, ny langards :
Qu'ils ayent moins de iactance,
que de force & de vaillance,
Venez, ô Soleil doré,
Voir ce trouppeau decoré,
Affin qu'en la course ronde,
Que vous faictes par le monde,
Paris, vous alliez chantant
Et par sur tous l'exaltant.
    Et vous, Phœbes argentine,
Laissez la sombre courtine,
Pour esclairer ces gens cy
quand le temps est obscurcy :
Affin que le monde voye
Leur or, leur argent, leur soye.
Tirez vos sombre rideaux,
Ou il faudra de flambeaux.
A ce ste trouppe Guerriere,
Manquant de vostre lumiere.
    Venez y aussi, Bacchus,
Non pas pour rendre vaincus.
Nos Soldats (ô chose inique)
De vostre liqueur Bachique,

Ains que soit ceste liqueur
Pour encourager leur cœur,
Affin que prudents & sages
Ils maistrisent leur courage.
    O douce Paix, venez y,
Et ne sortez point di'cy,
qu'ores voſtre d. meurance.
Soit au Royaume de France:
Ne ſortez point d'auec nous
Car voſtre regne eſt tres doux.
    pluſtoſt s'il vous deſ-agree,
Qu'aux armes on ſe recree
Vœu & ſerment nous ferons
Que tant que nous tous viurons,
Nous n'aurons point d'autre armes,
Qu'en peinture ou bien en carmes.
    Or ſus donc, diuinitez,
Dedans vos Cieux remontez
Et nous laiſſez pour ſalaire
La douce paix ſalutaire.

FIN.

In Laudem Francorum.
TETRASTICHON.

Gallica gens armis & firmo corpore præ-
    stans,
  Immitisque ferox, Marte secunda ruit:
  Præuertit gentes alias, Gentemque togatã,
  Aptior & Bello est, hac quia mente valet.
Ioannes Binardus.

En faueur des François.

Les François sont vaillans & tres puis-
    sans en armes:
Inuincibles, vainqueurs, & heureux aux
    allarmes:
Plus adroicts aux combats que nuls de ces
    Romains:
Habilles en l'Esprit, & agilles des mains.
Iean Binard.